LEANDRE NANETTE,

OU

LE DOUBLE

QUI-PRO-QUO,

PARADE

EN UN ACTE.

EN VERS ET EN VAUDEVILLES.

Achevée en 1755.

A CHARLOTTE DE MONTMARTRE.

*Par M. G**. Comédien du Roy.*

Prix 1 liv. 4 fols.

A CLIGNANCOURT.

M. DCC. LVI.

ACTEURS.

CASSANDRE, *Vieillard.*

La Jeune ISABELLE, *mariée à Cassandre.*

LEANDRE, *jeune homme, Amant d'Isabelle & passant pour sa Femme de Chambre sous le nom de Nanette.*

SATIRION, *Homme de Robbe.* } Amis de Cassandre.

RÉINFORT, *Capitaine de Vaisseau.* } Amis de Cassandre.

La Scène se passe dans la Maison de Cassandre.

LEANDRE NANETTE, OU LE DOUBLE *QUI-PRO-QUO*, PARADE EN UN ACTE, EN VERS ET EN VAUDEVILLES.

SCENE PREMIERE.

ISABELLE, LEANDRE *habillé en Femme de Chambre.*

LEANDRE.

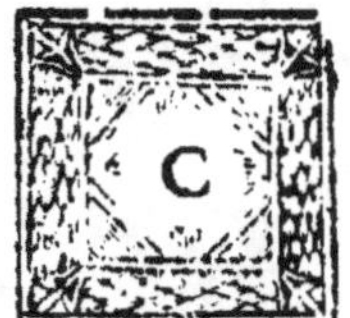

Cassandre est votre époux ! J'en voulois faire autant ;
Mais malheureusement il a pris le devant.
Si l'Hymen nous eût joints par-devant un Notaire,
De mon déguisement je n'aurois pas affaire.
Vous me posséderiez, je vous posséderois,
Nous nous posséderions au gré de nos souhaits.

Vous porteriez le nom de Madame Leandre ;
Vous avez, ſans pitié, pris celui de Caſſandre :
Ah ! juſte Ciel ! Quel nom ! votre Amant valoit bien
Que vous n'en priſſiez point un autre que le ſien.

ISABELLE.

Quoiqu'un pere radote, il n'en eſt pas moins pere.
Le mien qui l'exigeoit, m'a contrainte à le faire.
Je ne puis t'épouſer, il n'y faut plus ſonger ;
Mais vois combien je ſonge à t'en dédommager.
De moi ſeule connu, depuis le vingt Décembre,
Tu paſſes en ces lieux pour ma Femme de Chambre.
N'es-tu pas trop heureux, fais-en tout haut l'aveu ?
C'eſt toi qui les matins viens allumer mon feu ;
Tu me vois tous les jours, tu m'approches, me touches,
Tu friſes mes cheveux, tu me léves, me couches :
Je porte les chauſſons que m'ont couſu tes doigts,
Tu ſavones mon linge & le mets à l'empois :
A quel ſort plus charmant quelqu'un peut-il prétendre ?
Je ne ferai jamais qu'un ſot de mon Caſſandre.
Si j'euſſe été ta femme, indubitablement,
Pour te faire cocu, j'aurois pris un galant.
Trois, ſix, neuf ; là deſſus nous n'avons point de bornes.
Il vaut bien mieux planter, que de porter des cornes ;
Ceſſe-donc d'envier le ſort de ce manant,
Car s'il eſt mon mari, n'es-tu pas mon amant ?

LEANDRE.

Mais quand vaincrai-je enfin votre rigueur extrême ?
Vous me dites ſouvent, *Leandre je vous aime.*
Vous me laiſſez bien voir vos appas à loiſir,
Et m'empéchez toujours, cruelle, d'en jouir.

AIR. *Charmante Gabrielle.*

En rigueur rien n'égale
Un ſort tel que le mien :

Je meurs, comme Tantale,
Et de soif & de faim :
Un mets plein de délices,
S'offre à mes yeux ;
Soudain tu m'en ratisses,
Lorsque j'en veux.

AIR. *Pour la Baronne*

Ciel ! Que je souffre !
Et que j'ai besoin de secours !
Ciel ! Que je souffre !
Quand je vous mets tous vos atours.
Je souffrirois moins dans un gouffre,
Je m'enflamme de jours en jours,
Comme du souffre.

AIR. *Dans votre Corbillon, qu'y met-on ?*

Je vous mets chemise & cornette,
Fichu, corset, tous vos agrais :
C'est tout, à peu de chose près,
Ce que vous souffrez que je mette,
Belle dans votre ..
Quoi jamais
Dans votre joli Corbillon,
N'aurai-je la permission ?
Dites-donc.

ISABELLE.

AIR. *Nous autres bons Villageois.*

J'ai voulu voir si sur toi
J'avois un assez grand Empire,
Je te jure, par ma foi,
Que j'ai partagé ton martyre :
Ce soir je ferai ton bonheur,
Et le ferai de tout mon cœur :

Car ſois ſûr qu'en faiſant le tien,
Je compte bien faire le mien,
Je compte bien faire le mien.

D'ailleurs, j'ai différé cet inſtant par malice;
J'ai voulu quelque temps jouir de ton ſupplice.
A ma toilette il vient bon nombre de Muguets,
Des Guerriers, des Robins & des Abbés coquets:
Qu'ils témoignent pour moi la moindre courtoiſie,
Dans tes yeux animés je lis ta jalouſie,
Tu ne ſçais plus un mot de tout ce que tu fais,
Et c'eſt infiniment pour lors que tu me plais.

AIR. *A la façon de Barbari mon ami.*

Tu ne fais rien que de travers,
Je ris quand je m'habille.
Tantôt ma robe eſt à l'envers,
Tantôt c'eſt ma mantille.
Quand tu me paſſes mon jupon,
La faridondaine, la faridondon,
Tu me le mets, grand étourdi,
Biribi
A la façon de Barbari
Mon ami.

LEANDRE.

AIR. *Un certain je n'ſçai quoi.*

Puis-je n'être pas mal-à-droit
Pendant votre toilette?
Le bout de votre petit doigt
Suffit pour ma défaite.
En mettant votre gorgerette,
L'[illegible] me met tout hors de moi;
J'éprouve un certain je n'ſçai qu'eſt-ce,
Je ſens un certain je n'ſçai quoi.

Mais si vous aimez tant à jouir de ma peine,
Ce doit être pour vous une agréable scène,
Lorsque je vois le soir, en vous mettant au lit,
Votre époux se coucher pour y passer la nuit.

ISABELLE.

A Souffrir ce malheur ma tendresse t'exhorte;
C'est un fardeau qu'il faut malgré moi que je porte:
Mais, va, console-toi; peut-on être jaloux
De ce peu de faveurs qu'ont Messieurs les Epoux?

AIR. *Voilà la différence.*

L'himen appuyé des loix,
De l'amour a tous les droits;
Voilà la ressemblance:
L'Epoux avec hauteur prend
Ce que l'on donne à l'Amant,
Voila la différence.

LEANDRE.

Mais, Madame, aujourd'hui comment donc ferons-nous,
Pour faire rengainer l'ardeur de votre Epoux?
Vous sçavez qu'il m'a dit qu'il m'aimoit à la rage:
J'ai voulu vainement paroître prude & sage,
Il m'a fait accepter vingt-cinq beaux louis d'or,
Qu'il a pour mes attraits tirés de son trésor;
Pour qu'il ne me crût pas une fausse soubrette,
Voyant l'argent, j'ai fait l'aveu de ma défaite;
Mais il voudra quittance, & vous pouvez compter
Que ce n'est qu'avec vous que je veux m'acquiter.

AIR. *V'la l'plaisir des Dames.*

D'avance il m'a très-bien payé,
V'la l'plaisir des Dames.

Et puis, pour être défrayé,
Il s'est presque deshabillé,
En me chantant, les yeux tous pleins de flames,
V'là l'plaisir des Dames,
V'la l'plaisir.

ISABELLE.

AIR. *La Bequille.*

Mon infidéle Epoux
Te prend pour une fille,
Il tombe à tes genoux,
Te voyant si gentille :
Il ne croit pas, le drille,
Parmi tous tes appas,
Rencontrer la Béquille
Du pere Barnabas.

LEANDRE.

AIR. *Comment faire ?*

Il me viendra trouver la nuit,
Lorsque je serai dans mon lit:
Le Bouquin, pour se satisfaire,
Se viendra nicher dans mes draps,
Il voudra.... je ne voudrai pas;
Comment faire ?

ISABELLE.

Air : *Du haut en bas.*

C'est bien aisé,
J'irai seule occuper ta place
C'est bien aisé;

Mais n'en ſois pas formaliſé :
Aux approches de ſa carcaſſe,
Je ſerai froide comme glace ;
C'eſt bien aiſé.

AIR. *Margot ſur la brune.*

J'irai ſans lumiere,
Vètue à la légere,
J'irai ſans lumiere
Dans ton appartement.
Viendra mon drôle,
En chat qui miaule,
Jouer ſon rôle,
Et dans l'inſtant,
Il en aura pour ſon argent.

LEANDRE.

AIR. *A ſa Voiſine.*

Ah ! que ce barbare deſſein
Rend mon ame allarmée :
Tandis qu'avec votre Vulcain
Vous ſerez enfermée,
Moi, je mangerai donc mon pain
A la fumée ?

ISABELLE.

AIR. *De tous les Capucins.*

Un rendez-vous de cette eſpece
Allarme ta délicateſſe :
Mais à tort tu prends du chagrin ;
Chaque fois qu'il a voulu plaire,
Crois-moi, le pauvre Pellerin
N'a jamais fait que de l'eau claire.

LEANDRE.

Mais il vous croira moi; pour lui c'eſt une amorce;
Et l'Amour lui pourra ſuggérer plus de force.

ISABELLE.

AIR. *C'eſt l'ouvrage d'un moment.*

Va je ſçais trop ce qu'en vaut l'aulne;
Il a beau faire le fendant,
Malgré ſon tendre emportement,
Pour lui faire voir ſon bec jaune,
C'eſt l'ouvrage d'un moment.

Il vient; reſte avec lui. Je vais à mon miroir,
Pour me rendre à tes yeux plus aimable ce ſoir.

Elle ſort.

SCENE II.

CASSANDRE, LEANDRE.

CASSANDRE.

AIR. *Allons la voir à S. Cloud.*

NOus ne ſommes que nous deux,
Auras-tu bien ſouvenance
Qu'à mes amoureux ſoupirs
Une récompenſe eſt due?

LEANDRE.

Mon cœur jamais n'oublia rien ;
Mais vous ne rimez pas trop bien.

CASSANDRE.

Tu me tournes la tête ;
Comment veux-tu que je rime.

LEANDRE.

Mais, sur elle, Madame a de si beaux appas
Que tout autre que vous en feroit ses choux gras.
Se peut-il que du sien votre cœur se démembre,
Pour se venir offrir à sa Femme de Chambre ?

CASSANDRE.

AIR. *Du Grimaudin.*

Aux yeux d'un Epoux, une Femme
Perd de son prix :
Bien-tôt, pour lui, la bonne Dame
Devient pain bis ;
Une Maîtresse, à parler franc,
Est pour moi toujours du pain blanc.

LEANDRE.

C'est donc là le dégoût qu'apporte l'Himenée ?
On devient odieuse après s'être donnée ?

CASSANDRE.

AIR. *Nous sommes Précepteurs d'Amour.*

L'Himen offre le premier mois
Les confitures les plus douces ;
D'abord on s'en léche les doigts,
Mais on s'en mord bien-tôt les pouces.

LEANDRE.

Vous voulez contenter votre appétit charnel;
Mais on dit, ſans l'Himen, que c'eſt trop criminel.

AIR. *Nous autres bons Villageois.*

Un Notaire par contrat,
Nous doit ſeul donner la licence
De nous livrer à l'ébat
De la douce concupiſcence.
Madame dit, qu'en ſa maiſon,
Il n'y doit, comme de raiſon,
Avoir qu'elle ſeule & ſon chat
Qui faſſent l'amoureux ſabat,
Qui faſſent l'amoureux ſabat.

CASSANDRE.

Préjugé! Petiteſſe! Enfance! Perſiflage!
L'Amour eſt paſſion: l'Himen n'eſt qu'un uſage.
Si l'ordre du deſtin eût déciſivement
Voulu qu'on ne goûtât jamais du changement,
Crois-moi, ma belle enfant, la prudente Nature
N'auroit fait chaque clef que pour chaque ſerrure:
Mais comme elle a prévû que néceſſairement
Une femme voudroit avoir plus d'un amant,
Que l'homme auroit auſſi bien plus d'une maîtreſſe,
Elle a ſçû fabriquer & l'une & l'autre eſpéce
De certaine façon, qu'à peu de choſe près,
Les uns, qui plus, qui moins, ſont pour les autres faits.
L'attraction des cœurs, dans l'un & l'autre ſexe,
Vient d'un certain déſir qui ſans ceſſe nous vexe.
Autrefois; c'eſt-à-dire, au temps paſſé, jadis,
Dans les tems reculés, bien avant Amadis,
Sçavoit-on ce que c'eſt qu'un contrat, un Notaire?
Nos Peres ont bien ſçu, ſans eux, peupler la terre.

L'Himen n'eſt qu'acceſſoire, & tout l'eſſentiel
Eſt d'aller droit au but ; rien n'eſt plus naturel :
L'Amour fut inventé bien avant l'Himenée.

LEANDRE.

Pouvez-vous exiger d'une fille bien née......
Qu'elle vous laiſſe entrer...... dans...... ſa chambre la nuit ?
Et puis...... ſi par malheur Madame entend du bruit ;
Ma chambre, de plein pied, aboutit à la ſienne,
Si, quand vous y ſerez, il faut qu'elle ſurvienne,
Elle verra bien-tôt où gît le liévre, alors
En vous trouvant dedans, on me mettra dehors.

CASSANDRE.

Je ſuis maître, & crains peu que Madame s'y frotte.
A quoi ſerviroit donc d'avoir une culotte ?

LEANDRE.

Si Madame le ſçait, elle me roſſera.

CASSANDRE.

Sois tranquile, mon cœur ; car Monſieur la battra.

LEANDRE.

Madame le ſachant fera le diable à quatre.

CASSANDRE.

Si Madame le fait ; Monſieur ſcaura la battre.

LEANDRE.

Madame dira tout ſans crainte ni reſpect.

CASSANDRE.

Monſieur, en la battant, rabattra ſon caquet.

LEANDRE *en soupirant.*

Amour ! On ne peut donc éviter tes entraves !
Et toujours de nos cœurs tu fais des choux, des raves.
Promettez-moi sur-tout de me bien ménager ;
De ce que vous ferez je connois le danger.
Songez qu'à vos transports il faut mettre une digue,
Ou bien que dans neuf mois on saura notre intrigue.
Rien ne me déplait tant, Monsieur, que d'acoucher.

CASSANDRE.

L'anguille crie avant qu'on veuille l'écorcher.
Mais j'ai ma Sage-Femme, elle sait bien son thême,
Elle te traitera comme un autre moi-même.
Je te ferai soigner par mon Chirurgien ;
Et mon Apotiquaire aussi sera le tien.

AIR. *Vous veillez lorsque tout sommeil.*

En amour rien n'est bagatelle :
Avoir le même Médecin,
Se servir de la même écuelle,
S'asseoir sur le même bassin,
Pour prendre chacun un remede
S'empaler du même canon ;
Pour deux cœurs que l'Amour possede
Ah ! quelle satisfaction !

LEANDRE.

Ah ! pour ne se pas rendre il faut être statue.
Oui : mon cœur balançoit, mais me voilà rendue.

AIR *Un certain je n'sçai quoi.*

Reinfort & Satirion paroissent & écoutent.

J'ai résisté de bonne-foi,
Comme une forteresse,

Mais l'Amour est plus fort que moi
Et je sens ma foiblesse :
Je vois qu'on n'est pas la maîtresse
D'empêcher de laisser en soi
Glisser un certain je n' sçai qu'est-ce,
Couler un certain je n'sçai quoi.

CASSANDRE.

AIR. *Attendez-moi sous l'orme*, Ou *Dans les Gardes Françoises.*

Tantôt en grand silence,
Je viendrai te revoir.

LEANDRE.

Voyez ma complaisance ;
Quand vous viendrez ce soir,
Je sçaurai faire ensorte,
Pour mieux entrer céans,
Que vous trouviez ma porte
Ouverte à deux battans.

Leandre fait une grande reverence
Cassandre lui baise la main

SCENE III.

SATIRION, REINFORT, CASSANDRE, LEANDRE.

REINFORT *à Caſſandre.*

A-T-ELLE la peau douce ? Allons, ferme, courage.
Si nous mettons obſtacle à ton tendre abordage,
C'eſt ta faute ; il falloit s'enfermer aux verroux.

SATIRION.

On s'oublie aiſément en des momens ſi doux.

REINFORT.

Air. *Y allons donc, Mademoiſelle.*

Tu donnois à cette belle
Une amoureuſe leçon,
Et cette aimable pucelle
Soupiroit à l'uniſſon.

A Leandre.

Y allons donc Mademoiſelle,
Devant nous point de façon.

Leandre ſort & va ouvrir les deux battans de la porte de ſa chambre.

CASSANDRE.

Vous êtes cauſe auſſi que la voilà partie :
Vous avez fait rougir tous deux, ſa modeſtie.

REINFORT.

Si ſa pudeur ainſi s'effarouche ſoudain,
Pourquoi promenois-tu ton muſeau ſur ſa main ?

CASSANDRE.

Elle m'a fait ſentir, la petite innocente,
Une paire de gans dont l'odeur eſt charmante.

SATIRION.

Et tu la mitonnois pour en avoir les gans.

CASSANDRE.

Tenez, vos jeux de mots ſont très-extravagans.

REINFORT.

A d'autres, vieux Babouin, va, nous ſommes des drilles
A qui tu ne peux vendre aiſément tes coquilles.

SATIRION.

Nous avons entendu le tout de point en point.
Elle conſent ce ſoir que tu ſois ſon adjoint.

REINFORT.

C'à, l'ami, partageons, ou bien ta ménagere
Va, par nous, à l'inſtant ſçavoir toute l'affaire.

CASSANDRE.

Je le vois : c'eſt en vain que je veux déguiſer ;
Partageons, j'y conſens ; mais il faut compoſer.

AIR. *Vous veillez lorſque tout ſommeille.*

Pour attendrir cette friande,
Trois cens écus j'ai dépenſé.
Que chacun de vous deux me rende
Les deux tiers de mon débourſé :
Je vous promets, foi d'honnête homme,
Si vous êtes de bons payeurs,
De vous mettre, pour cette ſomme,
D'un tiers chacun dans ſes faveurs.

SATIRION.

C'eſt chacun cent écus. Va, je tope au marché.

REINFORT.

J'en donnerois neuf cens, tant j'en ſuis entiché.

CASSANDRE *à part.*

Tandis qu'ils cherchent de l'argent.

AIR. *Ton humeur eſt Cathereine.*

Comme l'on mord à la grappe !
De Nanette on eſt tenté :
Moi, finement je ratrape
L'argent qu'elle m'a coûté :
Que chacun d'eux la cajole,
Ce ſont coups d'épée en l'eau ;
Sans qu'il m'en coûte une obole,
J'aurai ma part au gâteau.

Reinfort & Satirion lui donnent chacun une bourſe où ils ont compté l'argent.

SATIRION.

Pour parvenir tous trois à notre amoureux but ;
Il faut nous aranger. Comment ferons-nous ?

CASSANDRE.

Chut.

Air : *Chacun à ſon tour, liron lirette.*

Sans dire mot, & ſans chandelle,
Auſſi-tôt que viendra la nuit,
Tous trois au fond de ſa ruelle
Nous nous introduirons ſans bruit ;
Sans le ſçavoir, cette aimable ſoubrette
De tous trois comblera l'amour
Chacun à ſon tour,
Liron, lirette,
Chacun à ſon tour.

SATIRION.

Mais je ne ſçais pas trop les êtres du logis :
La ruelle eſt-elle grande ?

CASSANDRE.

On y tiendroit bien ſix.

REINFORT.

Qui le premier de nous livrera la bataille ?
Il faut tirer au ſort : prenons tous une paille.

Air. *Le premier jour du mois de Mai.*

Celui qui la plus longue aura,
Aura l'entame de la tourte,

Le ſecond tour appartiendra
A qui la moyenne échoira :
Et le troiſiéme rang ſera
Pour qui montrera la plus courte.
Celui qui la plus longue aura
Aura l'entame de la tourte.

La nui vient petit-à-petit.

CASSANDRE.

Non, ne diſputons point pour ce charmant paſſage
Des vains honnneurs du pas le pénible avantage.
De paſſer le premier je ne ſuis point jaloux,
Je ſerai trop content de marcher après vous,
Allez devant tous deux, accordez-vous enſemble,
C'eſt le plaiſir ici qui tous trois nous raſſemble,
Ainſi ne ſoyons point là-deſſus chicanneurs,
Et d'ailleurs c'eſt à moi de faire les honneurs,
Je le dois; c'eſt chez moi que la ſcène ſe paſſe,
Vous voyez que j'agis en tout de bonne grace :

à part.

Sagement je ne veux m'embarquer qu'après eux,
Nanette me prendra pour un coq vigoureux.

SATIRION *qui a été baiſer le chambranle de la porte de Leandre.*

Air. *Quand je tiens de ce jus d'Octobre.*

Je ne ſuis encore qu'à ſa porte,
Le cœur me bat de temps en temps.

REINFORT.

Il nous battra bien d'autre ſorte,
Sitôt que nous ſerons dedans.

CASSANDRE.

Nuit entière.

Air. *Point de bruit, tout repose.*

Enfilons,
Pleins de zéle,
Sans chandelle,
La ruelle,
Enfilons
La ruelle
De la Belle ;
Vîte, allons.

Point de bruit,
Paix, silence ;
Il fait nuit,
L'heure avance,
Ah ! c'est l'heure du Berger,
Daigne, Amour, nous bien loger !

Enfilons
Pleins de zéle,
Sans chandelle,
La ruelle ;
Enfilons
La ruelle
De la Belle ;
Vîte, allons.

Ils entrent dans la chambre de Léandre.

SCENE IV.

LEANDRE, ISABELLE.

Léandre éclaire Isabelle qui est en deshabillé galant.

LEANDRE *la chandelle à la main.*

Air. *Ma raison s'en va bon train.*

VOUS allez donc constamment
Trahir le plus tendre Amant ?

ISABELLE.

Peste du jaloux !
Avec mon Epoux,
Te puis-je être infidelle ?

LEANDRE.

Et moi, pendant ce rendez-vous,
Je tiendrai la chandelle,
Lanla,
Je tiendrai la chandelle.

Isabelle en riant lui donne un petit soufflet d'amitié, entre dans la chambre de Léandre, & ferme la porte.

SCENE V.

LEANDRE *seul la chandelle à la main.*

Air. *Quand on a prononcé ce malheureux oui.*

TANDIS qu'avec Cassandre, Isabelle entre en danse,
Il me faut sobrement prendre ici patience :
Les plaisirs sont pour eux, & moi comme un franc sot,
Je garde les manteaux, & croque le marmot.

Air. *Un jour le bon pere Abraham.*

Il pose la lumiere sur la table.

Peut-elle ainsi m'assassiner
En se donnant carriere !
Ciel ! je l'entend se démener
En Convulsionnaire !
Doit-elle, sous mon pavillon,
Sonner, sans moi, le carillon
Que l'on sonne à Cithère ?

Air. *Cela m'est bien dur.*

Sur mon lit ton joyeux théâtre,
L'on prophane du haut en bas
Le corail, l'ébene & l'albâtre
Qui composent tous tes appas.
Quoi ! tes soupirs viennent à mon oreille !
J'entends à merveille,
Malgré l'épaisseur du gros mur,
Cela m'est bien dur !

AIR SERIEUX.

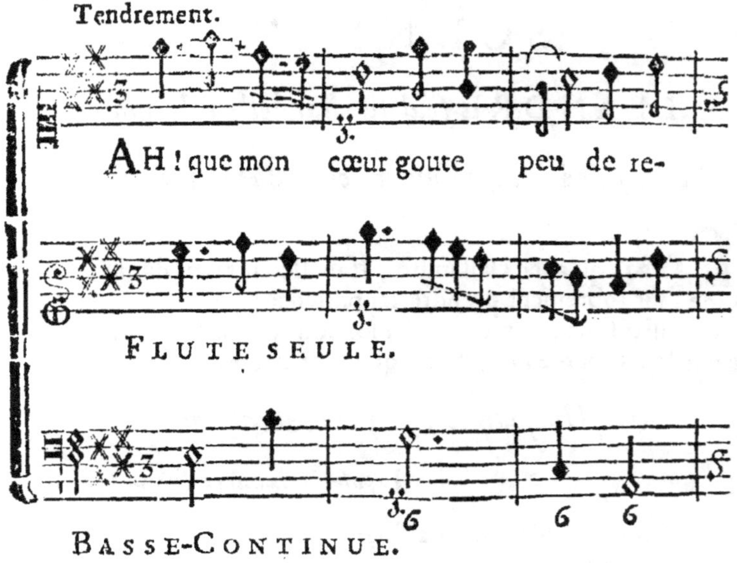
Tendrement.
AH ! que mon cœur goute peu de re-
FLUTE SEULE.
BASSE-CONTINUE.

pos! Quand je sçai qu'I- sa- beau fait la

bête à deux dos. Pour un A-
6

mant, ô Ciel, quelle ter- rible i-
6
6
5

mage ! Affreu- se jalou- sie, é-
6
6

loigne ton flambeau; Tendre Amour, prête
6

moi ton u- ti- le ban-deau. Ou bien, fais
6
4
qu'un nu- a- ge, Me cache un si vi-

lain ta- bleau. Dieux ! que je ſuis dans
6
d'affreuſes dé- treſſes ! Mais tout eſt

ſourd à mes ge- miſſemens ; Ma
maitreſſe eſt bien loin de plaindre mon tour-

ment; Peut-être hé- las ! qu'elle s'en bat les
54

fes- ses, Peut-être hé- las qu'elle s'en
6
6

Air. *Grand Duc de Savoye.*

Tu me laiſſes geindre,
Chien de Cupidon !
Que ne puis-je éteindre
Ton maudit brandon ?
Quoi les yeux des Dames
Sont donc deſtinés
A mener nos ames
Toujours par le nés ?

Air : *Il faut que je file.*

Pour finir cette avanture,
Qui m'accable de tourmens,
Tu m'avais promis, parjure,
N'être que quelque momens.
Ce jeu dure, dure, dure,
Ce jeu dure trop long-temps.

SCENE DERNIERE.

ISABELLE, CASSANDRE, LEANDRE, REINFORT & SATIRION *dans l'autre chambre.*

ISABELLE *tenant Caſſandre au collet.*

Je t'y prends donc pendart, vieux viſage à gourmade,
Ce n'eſt donc qu'avec moi que tu fais le malade,
Ce n'eſt donc qu'avec moi que tu fais le perclus,
Quand il en peut encore, je crois qu'il n'en peut plus.

Air : *Des Trembleurs.*

Pour voir juſqu'où ton délire
Pourroit aller, vieux ſatyre,
J'ai ſupporté, ſans rien dire,
Juſqu'au cinq & ſixiéme choc.
Que n'ai-je, dans ce miſtere,
Déguiſé mieux ma colere !
Si j'avois voulu me taire,
Un ſeptiéme m'étoit hoc.

CASSANDRE.

Ouida, pour m'attrapper là-dedans en cachette,
C'eſt donc vous qui faiſiez ſemblant d'être Nanette ?
Mais c'eſt tanpis pour vous ; car deux autres, ma foi,
Ont auſſi là-dedans fait ſemblant être moi.
Reinfort, Satirion, venez tous deux ici.

SATIRION.

Madame c'eſt moi, qui......

ISABELLE.

Qui....

REINFORT.

J'en étois auſſi
Tous les deux..... tour-à-tour. .... là dans cette chambrette?
Pardon ; nous adreſſions notre hommage à Nanette.
Vous avez pris ſa place, & tous deux de bon cœur,
Nous avons pris auſſi la place de Monſieur.

CASSANDRE.

Oui, c'étoit de concert. Leur paſſion contente,
Le troiſiéme, à mon rang, comme eux je me préſente.
Animé par l'exemple, & prêt à m'égayer,
J'allois dans leurs travaux tous deux les relayer;
Je me voyois déja monté comme un Saint George,
Quand vos ongles crochus m'ont ſautés à la gorge.
Il falloit renfermer encor votre fureur;
Vous auriez bien tiré parti de mon erreur.

ISABELLE.

Ah! j'y ſuis à préſent; dans cette bonne aubeine,
J'avois tout le profit, lui l'honneur, vous la peine?
Je m'étonnois auſſi de ce grand travailleur!
J'imputois à ce ſot votre rare valeur.
Me voilà bien au fait & toutes ces careſſes
Que je viens d'eſſuyer, ſont vos belles proueſſes.
Mais je ne conçois pas par quel enchantement
Je n'ai rien remarqué de tout ce changement.

LEANDRE *bas à Iſabelle.*

Ai-je donc des chagrins une aſſez bonne doſe.

ISABELLE *bas à Léandre.*

Ce ſont coups de haſard dont je ne ſuis pas cauſe.

SATIRION *à Caſſandre.*

Air. *Sans le ſçavoir.*

Nous ne voulions qu'avec Nanette,
Comblant nos déſirs en cachette,
Tous deux nous divertir ce ſoir :
Notre chagrin n'a point de bornes ;
Tu nous vois bien au deſeſpoir
De t'avoir mis tous deux des cornes,
Sans le ſçavoir.

REINFORT *à Caſſandre.*

C'a l'ami, marché nul ; notre argent ſans attendre ?

CASSANDRE.

Votre argent ?

SATIRION.

Oui ſans doute, il faut bien nous le rendre
Nanette qui m'enflamme auroit mon bien entier......

REINFORT.

Mais ta femme à nos yeux ne vaut pas un denier.

ISABELLE.

Qu'ils ſont impertinens ! quel couple de malotru !
Ils ſont bien dégoûtés ! ah ! ſi je l'avois crû,
Bien loin de les aider tantôt ſur cette couche,
J'aurois dans leurs plaiſirs été comme une ſouche.

CASSANDRE *à ſes deux amis.*

Air. *Du Cap de bonne Eſpérance.*

Mais lorſque tantôt ma femme
A mis le comble à vos vœux,

Pour l'objet de votre flamme
Vous la preniez tous les deux :
Votre joie étoit complette,
Elle passoit pour Nanette ;
Vous avez donc en ce cas
Eu Nanette dans vos bras.

SATIRION.

Voilà des argumens tous des mieux dégoisés ;
Mais nous ne devions pas être désabusés.

ISABELLE.

Air : *Que de gentilles Pellerines.*

Une chose dans ma colere,
Me console, en quelque maniere ;
S'ils ont osé se satisfaire,
J'ai bien puni ces insolens ;
Ils m'ont mise sur le derriere,
Mais je les ai mis sur les dents.

REINFORT *à Cassandre.*

Chacun nos cent écus, sans nulle procédure,
Ou cent coups de bâtons finiront l'avanture.

Cassandre se fouille lentement & tire les deux bourses qui lui ont été données.

ISABELLE.

Le ladre ! vous a donc un chacun rançonné ?
Mais l'argent m'appartient & je l'ai bien gagné.
Pour le mortifier, je saute sur les bourses.

Elle les prend.

SATIRION.

Femme pour se venger a toujours des ressources.

CASSANDRE *en donnant d'autre argent à ses deux amis.*

Il ne me reste pas dans ma poche un écu !
Tout mon argent s'employe à me faire cocu !

SATIRION ET REINFORT *à Cassandre.*

Air : *Vous voulez me faire chanter.*

Il se pourroit bien, dans neuf mois,
  Que ta femme fût mere
De deux enfans tout à la fois,
  Dont on te croira pere :
Ils seront filles ou garçons,
  Cela n'importe gueres ;
Ami, tu nous peux sans façons,
  Retenir pour Comperes.

ISABELLE.

Un pareil qui-pro-quo n'arrivera jamais ;
J'y vais [illegible] dre, & je vous le promets.

Air : *C'a ne durera pas toujours.*

Vous passerez, Nanette,
Pour leur faire dépit,
Le jour dans ma chambrette,
Et coucherez la nuit,
Avec moi, dans mon lit,
Avec moi, dans mon lit,
Avec moi, dans mon lit,

CASSANDRE.

Je m'en vois, Dieu merci, quitte à fort bon marché ;
Je craignois plus d'éclat de son esprit fâché.

VAUDEVILLE.

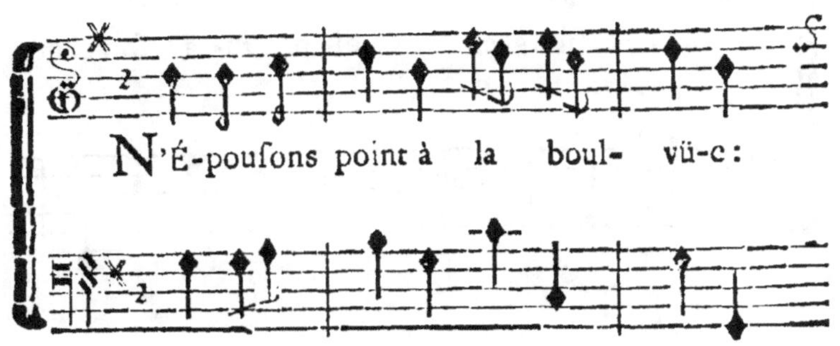
N'É-pouſons point à la boul- vü-e:

Sçachons qui nous tuons auſ- ſi , Car on peut

faire u-ne bé- vu-e Qui peut cau- ſer

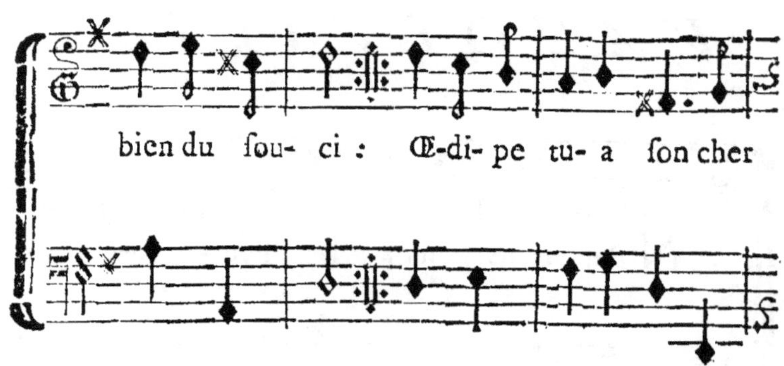
bien du sou- ci : Œ-di- pe tu- a son cher

Pere, Il le fit ensui- te cor- nard ;

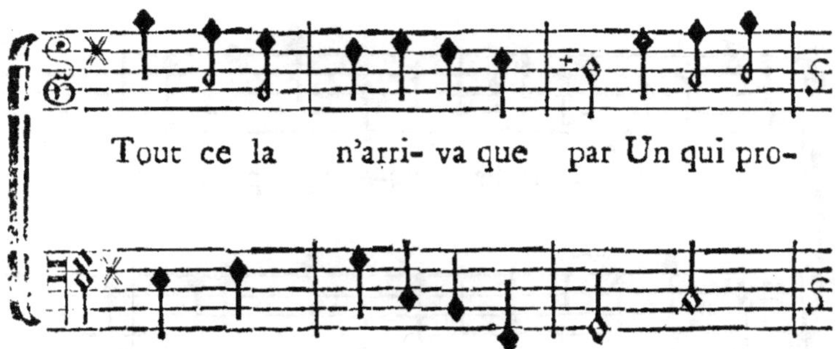
Tout ce la n'arri- va que par Un qui pro-

2.

D'un vieux Mari qui m'embarasse
Et que je chasse de mon lit
Nanette occupera la place;
Elle a vingt ans, c'est pain benit:
Vous qui sçavez tout le mistere,
Vous voyez par ce coup d'estoc
Que je ne fais pas dans ce troc
Un qui-pro-quo d'Apoticaire.

3.

Un Auteur veut vous faire rire
Il cherche, il invente, il écrit,
Dans son Cabinet il s'admire
Et se trouve un sublime esprit:
Mais au moment qu'il croit vous plaire,
Un malheureux coup de sifflet
Lui prouve souvent qu'il n'a fait
Qu'un qui-pro-quo d'Apoticaire.

FIN.

www.ingramcontent.com/pod-product-compliance
Lightning Source LLC
LaVergne TN
LVHW012020160826
845678LV00002B/942

* 9 7 8 2 3 2 9 6 6 0 6 0 8 *